BEI GRIN MACHT SICH IHR
WISSEN BEZAHLT

- Wir veröffentlichen Ihre Hausarbeit,
  Bachelor- und Masterarbeit

- Ihr eigenes eBook und Buch -
  weltweit in allen wichtigen Shops

- Verdienen Sie an jedem Verkauf

Jetzt bei www.GRIN.com hochladen
und kostenlos publizieren

Bibliografische Information der Deutschen Nationalbibliothek:

Die Deutsche Bibliothek verzeichnet diese Publikation in der Deutschen National-
bibliografie; detaillierte bibliografische Daten sind im Internet über http://dnb.d-
nb.de/ abrufbar.

Impressum:

Copyright © 2018 GRIN Verlag
Druck und Bindung: Books on Demand GmbH, Norderstedt Germany
ISBN: 9783668855533

Dieses Buch bei GRIN:

https://www.grin.com/document/453211

Anonym

Seegedichte bei Goethe. Die Verarbeitung des Wasser-motivs

GRIN Verlag

GRIN - Your knowledge has value

Der GRIN Verlag publiziert seit 1998 wissenschaftliche Arbeiten von Studenten, Hochschullehrern und anderen Akademikern als eBook und gedrucktes Buch. Die Verlagswebsite www.grin.com ist die ideale Plattform zur Veröffentlichung von Hausarbeiten, Abschlussarbeiten, wissenschaftlichen Aufsätzen, Dissertationen und Fachbüchern.

Besuchen Sie uns im Internet:

http://www.grin.com/

http://www.facebook.com/grincom

http://www.twitter.com/grin_com

Seegedichte bei Goethe

Neuere deutsche Literatur
("Vom Wasser haben wir's gelernt...")

Inhaltsverzeichnis

Einleitung

Bedrohlich, erschütternd, ruhig: Dem Wasser können zahlreiche Adjektive zugeschrieben werden. Es stellt eine wichtige Quelle in unserem Leben dar, ist allgegenwärtig und keineswegs aus unserem Alltag weg zu denken. Als Nahrungsquelle sowie zur Hygiene benötigen wir dieses kostbare Gut, auch wenn dies nicht immer bewusst wahrgenommen wird. Da dieses einen so immensen Stellenwert in unserem Leben einnimmt, findet man auch in der Literatur viele Motive, in dem das Wasser enthalten ist, wenn auch in verschiedensten Varianten. Viele Autoren bedienten sich dieser Thematik, sei es in der älteren deutschen Literatur oder in der neueren deutschen Literatur: Das Wasser ist stets präsent.

Diese Seminararbeit beschäftigt sich mit dem Wassermotiv und dessen Einsatz in der neueren deutschen Literatur.

Unter diesem Aspekt wird der Stellenwert des Wassers bei Johann Wolfgang von Goethe behandelt: Der Aufbruch zu seinen Schweizer-Reisen stellt hierbei einen relevanten Faktor für die Betrachtung dar, da er durch das eigene Erleben der verschiedenen Facetten des Wassers, sei es als bedrohlicher Wasserfall oder ruhiger See, das innere sowie äußere Gefühlstreiben in lyrischer Form verpackt und niederschreibt.

Im Zuge dieser Arbeit wird der Autor Johann Wolfgang von Goethe prägnant vorgestellt. Infolgedessen wird das Motiv des Wassers in Hinblick auf seine Schweizer-Reisen dargestellt und sein Gedicht "Auf dem See" analysiert und die Bedeutung der Verse hinsichtlich des Wassermotivs aufgeschlüsselt.

Zur Autorenschaft: Johann Wolfgang von Goethe

Nicht nur die Weimarer Klassik prägte dieser Autor, sondern auch die Epoche des Sturm und Drangs: Johann Wolfgang von Goethe stellt einen der wichtigsten deutschen Autoren dar, welcher auch in der heutigen Zeit noch einen relevanten Stellenwert einnimmt. [1]

Geboren wurde Goethe am 28. August 1749 in der heutigen deutschen Stadt Frankfurt am Main, während der Zeit der Aufklärung. [2] Dort verbrachte er seine Kindheit und Jugend, wobei er sein wohlhabendes Elternhaus um 1765 verließ und begann, Jura zu studieren. Schon früh wurde das Interesse des jungen Goethe für die Literatur geweckt. Während der Besatzungszeit der Franzosen beschäftigte er sich zum Beispiel mit der Literatur von Racine. Nach seinem Abschluss des Studiums in Straßburg entdeckte Goethe seine Faszination für die Antike und deren Schreibkunst. Zu dieser Zeit, in den 1770ern gelingt ihm dann der Durchbruch mit seinem Werk "Die Leiden des jungen Werthers", wobei viele Parallelen zu seinem Leben deutlich werden. Nach seiner Sturm und Drang-Zeit wird Goethe zum Minister am Hof des Herzogs Karl August, wodurch auch seine Weimarer Zeit eingeläutet wird.

Viele bedeutende Texte aber auch Gedichte sowie bildliche Kunst stammen aus seiner Feder, wie beispielsweise "Wilhelm Tell", "Faust" oder auch "Die Wahlverwandtschaften". [3]

Nach zahlreichen Erfolgen als auch Höhen und Tiefen in seinem Privatleben verstirbt Johann Wolfgang von Goethe am 22. März 1832 im Alter von 82 Jahren in Weimar, wo er seine letzten Jahre verbracht hatte. [4]

---

[1] Zitiert nach: http://dibb.de/goethe-faust.php (Zugriff: 12.12.2017)

[2] Zitiert nach: https://geboren.am/person/johann-wolfgang-von-goethe (Zugriff: 18.12.2017)

[3] Ebersbach, Volker; Siekmann, Andreas: Anekdoten über Goethe und Schiller. weimarer taschenbuch verlag. Weimar: 2005, Seite 24ff

[4] Zitiert nach: https://geboren.am/person/johann-wolfgang-von-goethe (Zugriff: 03.01.2018)

Goethe auf Reisen: Aventüre in der Schweiz

Das Reisen im 18. Jahrhundert kann mit dem heutigen Reisevergnügen nicht auf einen Nenner gesetzt werden. Viele Risiken verbargen sich in der Erkundung unbekannter Gebiete. Trotz zahlreicher Gefahren, welchen man zu dieser Zeit noch ausgesetzt war, zeigte sich Johann Wolfgang von Goethe als reisebegeisterter Künstler und ging demnach oft auf Aventüre, unter anderem auch zur Inspiration. Im Zuge seines Reiseenthusiasmus begab sich der Dichter mehrmals in die Schweiz. Insgesamt unternimmt Goethe drei Mal große Reisen in und durch die Schweiz, wobei diese Zeit prägend für seine Aktivität als Künstler war. Seine erste Reise in die Schweiz findet 1775 im Zeitraum von Mai bis Juli statt. Vier Jahre später, im Jahr 1779, begibt sich Goethe ein zweites Mal in diese Gegend. Ende des 18. Jahrhunderts, 1797, reist er ein letztes Mal dort hin. Für diese Proseminararbeit wird der Fokus auf die erste Reise Goethes gelegt, da das Wasser eine relevante Rolle spielt.

Goethes erste Schweizer-Reise

Im Alter von 26 Jahren macht sich der junge Goethe auf den Weg in die neue Umgebung. Begleitet wird er von dem Grafen Christian von Haugwitz, dem Grafen Friedrich und Christian von Stolberg.

Insgesamt hält sich der Künstler zehn Wochen lang in der Schweiz auf, wobei er verschiedene Landschaftsbilder erlebt[5].

---

[5] Schön, Karl: Goethe auf Reisen. Über Goethes Reisen. BookRix GmbH & Co. KG. München: 2012

Im Hinblick auf die Kunst versucht der junge Goethe, das Gewässer literarisch sowie bildhaft in einem Reisetagebuch einzufangen. Neben schriftlichen Tagebucheinträgen finden sich auch viele Zeichnungen des begabten Künstlers, in denen er versucht, die Landschaft und ihre Wirkung auf dem Blatt festzuhalten. Gelingt es ihm nicht, die Gegenwart zu veranschaulichen, führt er dies mit Worten aus.[6]

Viele Abbildungen der Landschaften, welche er durchquert, enthalten Formen des Wassers. Das Gewässer fungiert als stetiger Begleiter Goethes und seiner Kollegen. Dabei kommt dem Flüssigen verschiedene Funktionen zu.

Zum einen dient es als Quelle von Lust, im Sinne von Entspannung als Baden im See. Der See als "Bade-Oase" wird als Versuchung beschrieben, sprich als etwas verlockendes, dem man nicht widerstehen kann. Die Natur wirkt demnach idyllisch und rein. Goethe bedient sich der semantischen Kategorie der Bewegung: Das *rinnende, laufende, stürzende* wird zum See. Überdies hinaus ist das Wasser *rauschend und erfrischend.*[7] Diese Darstellung stellt eine Harmonie, welche durch das Wasser erzeugt wird, dar. Dieser Topos ist auch in seinen Zeichnungen verdeutlicht.

[8]

Die Tuschezeichnung Goethes stellt eine Waldlandschaft mit einem Wasserfall im Hintergrund dar. Bezeichnet ist dieses Bild auf der Rückseite: "17. Juni 75 Rigi".

In dieser Darstellung wirkt die Natur als kräftigende Quelle sowie als Zufluchtsort.[9]

---

[6] J.W. Goethe: Werke. Hg. von Erich Trunz. München 1998, Seite 152
[7] ebenda, Seite 153
[8] Abb.1.
[9] Ebenda

Im Gegensatz zur ruhigen, friedvollen Darstellung des Wassers werden auch Zeichnungen von Goethe angefertigt, in denen das Gewässer zur Bedrohung wird.

 [10]

Diese, von Goethe angefertigte, Zeichnung stellt die berüchtigte Teufelsbrücke dar. Das Bild symbolisiert die Rolle des Wassers als Gefahr.[11]

Um das Treiben im Bild genauer zu charakterisieren, verfasst Goethe dazu einen Tagebucheintrag.

In diesem schildert er seine Begegnung mit dem Gewässer und beschreibt dies als das angsteinflößende Ungezähmte. Die Umgebung des Stroms stellt er als immer *mächtiger und schrecklicher* werdend dar. In seiner Reflexion bedient er sich der Hyperbel, er übertreibt in der Schilderung, um vermitteln zu können, welchen immensen Eindruck er aus dieser Landschaft gewinnt.

"Wir mühten uns weiter, das ungeheure Wilde schien sich immer zu steigern, Platten wurden zu Gebirgen, und Vertiefungen zu Abgründen."[12]

---

[10] Abb.2.:
[11] Zitiert nach: http://www.goethezeitportal.de/wissen/illustrationen/johann-wolfgang-von-goethe/goethes-erste-schweizer-reise-von-1775.html (Zugriff: 03.01.2018)
[12] Ebenda

Literarische Verarbeitung der Schweizer Reise

Neben seinen Tagebucheinträgen, durch die er seine Erlebnisse und Empfindungen festhält, verfasst Goethe auch literarische Zeilen. Die erkundete Landschaft und die Wirkung des Wassers nimmt er zum Anlass, um die Apperzeptionen in Gedichten zu präsentieren. Demnach fungiert die Natur, besonders das Element des Wassers, als Muse Goethes, welche ihn inspiriert. Unter anderem konzipiert Goethe 1775, während dieser Reise, ein weltweit bekanntes Gedicht mit dem Titel "Ich saug' an meiner Nabelschnur", welches jedoch von ihm überarbeitet wird und fortan unter dem Titel "Auf dem See" geläufig ist.

Vergleich der Fassungen

"Ich saug' an meiner Nabelschnur" und "Auf dem See"

Die Erstfassung dieser Dichtung erscheint nach seiner ersten Schweiz-Reise im Jahr 1775. Goethe wirkt zu dieser Zeit als dynamischer, vordenkender Stürmer und Dränger. Das Motiv dieses Gedichtes, die Reifung des Genies, verkörpert Ideale der Epoche des Sturm und Drangs. In dieser war es maßgeblich, für die Freiheit und den selbst denkenden Menschen zu argumentieren.[13]

Die beiden Fassungen unterscheiden sich nur hinsichtlich vier Verszeilen, im Bezug auf das Sinnbild und die Kernaussage sind keine Unterschiede bemerkbar.

Erstfassung (1775)[14]	Zweitfassung (1775)
Ich saug an meiner Nabelschnur	*Und frische Nahrung, neues Blut*
Nun Nahrung aus der Welt.	*Saug' ich aus freyer Welt;*
Und herrlich rings ist die Natur,	*Wie ist Natur so hold und gut,*
Liebe Nebel trinken	*Weiche Nebel trinken*

---

[13] Zitiert nach: https://creativeblogger.wordpress.com/2013/12/24/johann-wolfgang-goethe-auf-dem-see-gedichtsinterpretation/ (Zugriff: 03.01.2018)
[14] Goethe, Johann Wolfgang: Ich saug´ an meiner Nabelschnur

Die Unterschiede zwischen der Erst- und Zweitfassung treten vorerst in der ersten Strophe, von Vers Eins bis Drei, auf. Neu ist es bei der Zweitfassung nun, dass das Individuum eine *frische* Nahrung und vor allem *neues* Blut saugt.

Was noch interessant ist: Diese neuartige und kräftige Quelle stellt nicht mehr direkt die Nabelschnur, wie in der Erstfassung beschrieben, dar. Es ist die *freie* Welt, indem sich der Mensch bewegt und in der er noch nie dagewesene Eindrücke sammelt, welche seine Persönlichkeit stetig wachsen lassen. Diese, möglicherweise sogar revolutionäre oder aufklärerische Darstellung verbreitet eine Wirkung des Überschwangs. Es ist eine Aufbruchsstimmung bemerkbar, welche in der Erstfassung noch nicht in dem Ausmaß ausgelegt wird, da das Individuum hier an der Nabelschnur seine Nahrung aus der Welt saugt. In der Zweitfassung wurden demnach gezielt Adjektive eingesetzt, die diese Stimmung aufkommen lassen. Fortan wird auch nach diesem Muster der dritte Vers geändert. Während in der Erstfassung die Natur herrlich dargestellt wird, ersetzt Goethe dies durch *hold* und *gut*. Die Zuschreibung der Natur als hold meint nun unter anderem eine liebliche oder auch anmutige Wirkung.

Zu guter Letzt wird auch in der dritten Strophe, beim 15. Vers, eine Änderung vorgenommen. Auch wenn der Kontrast nicht zu stark wirkt, setzt Goethe hier wiederum ein neues Adjektiv ein. Es sind nun nicht mehr *liebe* Nebel, die trinken. Goethes neue Nebel sind nicht nur lieb, sondern überdies hinaus *weich*. Das Adjektiv lieb fällt zwar weg, dennoch assoziiert man mit dem Wort weich eine liebliche, angenehme Wirkung.

Obwohl die Kernaussage nur wenig Änderung erfährt ist bemerkbar, wie Goethe mit Adjektiven spielt, welche gleiche Seme besitzen. Somit legt Goethe sein Gedicht in die Wiege des Sturm und Drangs, sondern auch gewissermaßen der Aufklärung (1720-1790) und passt es den Gegebenheit dieser avantgardistischen Epoche an.[15]

---

[15] Rainer, Gerald; Kern, Norbert; Rainer, Eva: Stichwort Literatur. Geschichte der deutschsprachigen Literatur. Veritas Verlag. Linz: 2010.

Auf dem See (1775)

Und frische Nahrung, neues Blut
Saug' ich aus freier Welt
Wie ist Natur so hold und gut,
Die mich am Busen hält!
Die Welle wieget unsern Kahn
Im Rudertakt hinauf,
Und Berge, wolkig, himmelan,
Begegnen unserm Lauf.

Aug', mein Aug', was sinkst du nieder?
Goldne Träume, kommt ihr wieder?
Weg, du Traum! so gold du bist;
Hier auch Lieb' und Leben ist.

Auf der Welle blinken
Tausend schwebende Sterne
Weiche Nebel trinken
Rings die türmende Ferne;
Morgenwind umflügelt
Die beschattete Bucht
Und im See bespiegelt
Sich die reifende Frucht.

Das lyrische Ich verkörpert in 20 Verszeilen ein heranreifendes Individuum. Es unterzieht sich einer psychogenetischen Entwicklung: In drei Strophen durchmacht das Ich eine Veränderung, vor allem im Hinblick auf die Psyche. Diese Entwicklung vollzieht sich über die gesamte Lebensspanne, was Ontogenese genannt wird.[16]

---

[16] Schäfer, Gerd E.: Ontogenese. In: Handbuch Pädagogische Anthropologie. Springer VS Verlag. Wiesbaden:2014, Seite 317

Wie im Text ersichtlich wird, unterzieht sich das lyrische Ich einer Persönlichkeitsentwicklung im Spiegel der Natur, dies bedeutet, dass die Natur das Seelenwohl des Individuums wiederspiegelt.

Im Hinblick auf den historischen Kontext ist ableitbar, dass das lyrische Ich, welches spricht, ein Naturgenie darstellt. Dies repräsentiert eines der Hauptthemen des Sturm und Drangs. Inhaltlich lässt sich feststellen, dass die erste Strophe als Phase der Kindheit fungiert. Die Adjektive zeigen das psychische Befinden: Eine heitere und aufgelockerte Stimmung wird inszeniert. Die Kindheit wirkt unbeschwert und angeleitet durch die nährende Mutter, welche wiederum von der Natur verkörpert wird.

Mit diesem Bild der Idylle bricht die zweite Strophe, indem sie eine bedrückende Stimmung beim Rezipienten auslöst. Die Verse wirken schwermütig und träge sowie lustlos. Sie verkörpern die Jugend, die Phase in dem das Individuum auf der Suche nach seiner Persönlichkeit, sprich seinem Selbst, ist.

Die letzte Strophe zeigt das Resultat der vorherigen: Das Individuum ist nach einem Reifungsprozess zu einem ausgeglichenen Selbst und zu einer gefestigten Persönlichkeit geworden. Das Vergangene wird hier integriert und wieder aufgenommen sowie miteinander verknüpft.

Im Bezug auf die Metrik verstärken zudem die erzeugten Differenzen die Thematik der Reifung. Während in der ersten Strophe der Kreuzreim verwendet wird und die Versen in Jamben verfasst sind,

1 "*Und frische Nahrung, neues Blut*
2 *Saug' ich aus freier Welt*"

bricht die zweite Strophe mit dieser Form und wirkt gegensätzlich, indem ein Paarreim verwendet wird und anstelle des Jambus der Trochäus verwendet wird.

9 "*Aug', mein Aug', was sinkst du nieder?*
10 *Goldne Träume, kommt ihr wieder?*"

Die letzte Strophe verknüpft nicht nur inhaltlich, sondern auch formal: Die Metrik und der Rhythmus der beiden Strophen werden in dieser kombiniert. Somit werden aus der ersten Strophe der Kreuzreim entnommen und mit dem Rhythmus des Trochäus aus der zweiten Strophe verbunden.

19 *"Und im See bespiegel*

20 *Sich die reifende Frucht."*

Dies verdeutlicht wiederum den Reifungsprozess.[17]

---

[17] Wiebrecht, Felix: Goethe - Auf dem See: Interpretation, Seite 3ff

Dadurch, dass Goethes Gedicht "Auf dem See" während der ersten Reise in die Schweiz entstand, lässt sich natürlich mutmaßen, dass sich die Impressionen der neu erfahrenen Umgebung in den literarischen Werken wiederspiegeln.

Im Hinblick auf dieses Gedicht ist bemerkbar, dass die gesammelten Eindrücke in dem Sinn Einfluss nahmen, dass es den Werdegang und Reifungsprozess eines menschlichen Wesens wiedergibt.

Zunächst fällt der Blick sofort auf den Titel des Gedichts, "Auf dem See". Denn bereits hier ist die Wasserthematik vorhanden. Zurückzuführen ist dies auf seinen Aufenthalt auf dem Zürcher See, wie dieses Werk Goethes auch unter anderem genannt wird.

Überdies hinaus ist das Wassermotiv in jeder Strophe vorhanden. Im Hinblick auf die erste Strophe schreibt Goethe hier:

> 5 *"Die Welle wieget unsern Kahn*
> 6 *Im Rudertakt hinauf"*

Diese zwei Verszeilen verweisen auf die Kindheit, denn er Kahn, welcher auf den Wellen liegt und durch die Bewegung des Wassers schwankt, wird hier zur Wiege des kindlichen Individuums. Die Bewegung des Kahns kann als gleichmäßig gesehen werden, da er im Rudertakt, bedenkt man eine Schiffsthematik, flaniert.

In der zweiten Strophe wird das Wasser im neunten Vers festgemacht. Denn hier heißt es:

> 9 *"Aug', mein Aug', was sinkst du nieder"*

Hier wird die körperliche Beschaffenheit eines Menschen mit der Wassersymbolik verbunden. Die Augen, Teile der visuellen Wahrnehmung, werden hier mit dem Verb *sinken* in Verbindung gesetzt. Die wachsende Persönlichkeit nimmt seine Umwelt wahr, gewinnt Eindrücke über neue Perspektiven, was hier wiederum nicht besonders positiv besetzt ist, da das Verb sinken, in Verknüpfung mit der Wasserthematik, möglicherweise einen Untergang bedeutet. In der zweiten Strophe wird somit durch das Wasser eine negative Grundstimmung erzeugt, in der sich das Individuum nun befindet. Betrachtet man die folgenden Zeilen, kann das Wasser auch als Zweifel betrachtet werden, denn ob die Träume des Heranwachsenden in Erfüllung gehen werden, steht in den Sternen.

Das Wasser nimmt nun in der letzten Strophe den größten Spielraum ein. In drei Verszeilen kommt das Wasser wieder explizit vor.

13 *„Auf der Welle blinken"*

18„Die beschattete Bucht,
19 Und im See bespiegelt"

Genannt wird wieder die Welle, welche schon in der ersten Strophe eine tragende, auch das Kind tragende, Rolle einnimmt. Während am Anfang das junge Individuum beschützt ruht, *blinken* in der dritten Strophe *"tausend schwebende Sterne"*(Vers 14). So wird die erste mit der dritten Strophe in Verbindung gesetzt. Die Träume des Individuums, verdeutlicht durch die Sterne, verankern sich hier und werfen einen Schein auf die Wellen, welche nun zur Ruhe gekommen sind, wie man in den nächsten Versen betrachten kann. Hinzuzufügen wäre hier, dass es Nacht ist.

Die Nacht wird nun zum Morgen oder auch Vormittag, wo bereits einzelne Sonnenstrahlen auf die Bucht fallen, denn diese ist durch das Adjektiv *beschattet* näher beschrieben. Die Bucht fungiert hier als Halt oder auch Destination, denn somit konnte der See, der Wandel der Persönlichkeit, erfolgreich überquert werden. Die Wassermetaphorik, veranschaulicht durch die Bucht, kann demnach mit der Persönlichkeitsentwicklung gleichgesetzt werden. Dies wird vor allem in den letzten beiden Versen deutlich, wobei im 19. Vers noch einmal das Wasser explizit genannt wird. Es heißt, die reifende Frucht bespiegle sich im See. Das Wasser wird zum Spiegel deklariert, in dem sich das nun gewachsene Individuum nach seinem Reifungsprozess betrachten kann.

Der Bildbereich des Wassers zieht sich somit durch das ganze Gedicht, als Träger des Naturgenies. [18]

---

[18] Zitiert nach: http://www.goethezeitportal.de/wissen/illustrationen/johann-wolfgang-von-goethe/goethes-erste-schweizer-reise-von-1775.html (Zugriff: 07.01.2018)

Festzumachen sind infolgedessen die semantischen Eigenschaften des Wassers. Es wirkt zum Einen als metaphorischer Lebensspender, da es eine lebenserhaltene Quelle für den Menschen darstellt. Hinzu kommt, dass es als Metonymie für das Gefühlsleben steht, da das Naturgenie von ruhig zu besorgt als auch zufrieden wandelt. Zu guter Letzt ist das Wasser der Spiegel seelischer Prozesse, so wie es in der letzten Strophe lautet.

Wenn man die verschiedenen semantischen Eigenschaften nun mit Goethes Skizzen in Verbindung setzt, gewinnt man den Eindruck, dass das Wasser im Gedicht nicht so lebensbedrohlich wirkt, sondern ruhig und durchaus lebensbejahend, da es das Individuum durch seine Entwicklung begleitet.[19]

---

[19]Zitiert nach: http://www.goethezeitportal.de/wissen/illustrationen/johann-wolfgang-von-goethe/goethes-erste-schweizer-reise-von-1775.html (Zugriff: 18.01.2018)

Fazit

Wenn man nur einen oberflächlichen Blick auf das Gedicht wirft, ohne Miteinbeziehung der Wasserthematik, fällt dies zunächst auch nicht als Hauptthema auf. Da das Wasser aber zum Träger wird, welches die Entwicklung des Naturgenies erst ermöglicht, stellt es eine relevante Darstellungsweise dar. Durch das Betrachten der Hintergründe des Gedichts, ergo die Reisen Goethes und seine Erlebnisse, welche er durch Skizzen und Tagebucheinträge festhält, wird dieser oberflächliche Blick verworfen und die Tiefenstrukturen können betrachtet werden. Das Wasser als Naturquelle ist demnach nicht nur generell für das Leben der Menschheit von sehr großer Bedeutung, sondern auch für die Literatur, die sich diesem Motiv bedient.

Anhang

Abbildungsverzeichnis

Abbildung 1
http://www.goethezeitportal.de/fileadmin/Images/db/wiss/goethe/schweizer_reise_1775/3_Goeth
e_Schweiz__600x770_.jpg

Abbildung 2
http://www.goethezeitportal.de/fileadmin/Images/db/wiss/goethe/schweizer_reise_1775/10a_Goet
he_Schweiz__600x476_.jpg

Primärliteratur

Goethe, Johann Wolfgang: Auf dem See

Goethe, Johann Wolfgang: Ich saug' an meiner Nabelschnur

Sekundärliteratur

Ebersbach, Volker; Siekmann, Andreas: Anekdoten über Goethe und Schiller. weimarer taschenbuch verlag. Weimar: 2005

J.W. Goethe: Werke. Hg. von Erich Trunz. München 1998

Rainer, Gerald; Kern, Norbert; Rainer, Eva: Stichwort Literatur. Geschichte der deutschsprachigen Literatur. Veritas Verlag. Linz: 2010.

Schäfer, Gerd E.: Ontogenese. In: Handbuch Pädagogische Anthropologie. Springer VS Verlag. Wiesbaden:2014

Schön, Karl: Goethe auf Reisen. Über Goethes Reisen. BookRix GmbH & Co. KG. München: 2012

Wiebrecht, Felix: Goethe - Auf dem See: Interpretation

Internetquellen

https://creactiveblogger.wordpress.com/2013/12/24/johann-wolfgang-goethe-auf-dem-see-gedichtsinterpretation/

http://dibb.de/goethe-faust.php

https://geboren.am/person/johann-wolfgang-von-goethe

http://www.goethezeitportal.de/fileadmin/Images/db/wiss/goethe/schweizer_reise_1775/10a_Goethe_Schweiz__600x476_.jpg